みたい！ しりたい！ しらべたい！

日本の 占い・まじない図鑑

② 人びとの幸せをかなえる占い・まじない

監修 中町 泰子

ミネルヴァ書房

悩みも楽しみも占いにおまかせ

中町 泰子

1.おいしくってよく当たる?―辻占菓子

アイドルのうたう「恋するフォーチュンクッキー」の大ヒットは、記憶に残っていることでしょう。あの歌に出てくる占い紙片入りのクッキーは、さかのぼれば日本うまれの「辻占煎餅」であることを知っていましたか。

辻占は、本来は夕方に門や辻に立ち、偶然そこを通りかかった人のことばを神さまのお告げとして、吉凶を判断する占いでした。しかし、江戸時代の後期には、同じよび名の占い印刷物が登場します。辻占とよばれる占い印刷物には、裁断して菓子のおまけにつかう一枚刷りから、本やすごろく、千社札など多様なものがありました。辻占に書かれたことばには、「まちがいなしだとさ」「はなしがあるよ」など会話調の恋占いの一言文句や、なぞなぞ、しゃれ、流行歌の歌詞、大吉小吉などの吉凶入り、易占入りなどさまざまなものがあり、さし絵入りもありました。

江戸後期には木版の印刷技術が進み、多色刷りで美しい辻占すごろくやかるたも発行されました。今でいう人気芸能人のブロマイドにあたる、歌舞伎役者の鮮やかな似顔絵の脇に、占い文句を書いた紙片を、瓦煎餅に添えて売った菓子屋は大評判となりました。でも、菓子屋で売られる辻占煎餅は高級な部類で、庶民に身近であったのは、安い辻占入りの駄菓子でした。それらは、夜のまちのにぎやかな広場や、神社や寺院の門前など、人の往来が多い場所で辻占売りが売っていました。かりんとうや豆菓子、

歌川豊國(三代)作の団扇絵。左側の女性は菓子箱を手にし、右側の女性は、ふたつに折りたたまれた煎餅と役者絵が描かれた紙をもっている。(『明嬉今朝之辻占』、虎屋文庫所蔵)

歌川豊國（三代）による歌舞伎役者似顔絵の貼り込み帳。（『江戸辻占』部分、東京都立中央図書館特別文庫室所蔵）

あられの小袋に、値段に応じた辻占紙片が数枚おまけにつけられたのです。あめやこんぶも含めたさまざまな辻占つきのお菓子が、総じて辻占菓子とよばれました。

　ところで、江戸時代の辻占煎餅の形はさまざまでした。煎餅をくるくると筒のように巻き、なかに辻占を入れたものや、花びらのように真ん中を寄せたもの、ふたつ折りの半月形、おにぎりのように三角に折りたたんだものなど、店によってことなる形の工夫がされています。現代のようなフォーチュンクッキーの形が登場したのは、江戸の末期から明治ごろのようです。

　明治時代に入っても辻占菓子は売られ、動物学者のエドワード・モースは、1883（明治16）年の正月の日記に、しょうが味の辻占菓子をみつけたことを記録しています。そこには、「第七十七吉　おもふねんりき

いはをもとほす。そふてそはれぬことはない（思う念力岩をも通す。添うて添われぬことはない）」と書かれた紙片と、辻占菓子のスケッチが描かれています。歌人の石川啄木は、1908（明治41）年8月の日記に、「夜の10時過ぎ、友達と一緒に寺院の前で辻占菓子を買った」と記しています。啄木が友達と一緒に、辻占煎餅と思われるお菓子を開くと、なかから「日の出だよ」と出てきて、「これは幸運のしるしだ！」と大喜びして友達と笑いあいます。

　辻占菓子に込められた言葉は、たいていがよい文句か面白味のある楽しいものだったので、正月やもてなしの席に好まれました。現代でもおみくじつきのお菓子や飲み物がありますが、よい占いが出るとちょっとうれしくなります。当時の人びともきっと同じ気持ちだったのでしょう。

2.辻占売りの見世物性

　夕方から夜のまちかどで辻占菓子を売っていたのは、辻占売りとよばれる行商人でした。見世物などの興行、縁日などで物を売る行商人はほかにもおり、彼らは香具師とよばれます。夜道で人に気づいてもらうためには、目立つパフォーマンスをする必要が出てきます。よび声や歌やおどり、かわった扮装といった芸で人目をひき、商品をアピールすることが売りあげにつながりますので、辻占売りは頭をひねりました。

　江戸の深川六軒掘では、山口屋吉兵衛がはじめたかりんとう売りの評判がよく、後につづく商人が出て、一時は200人あまりの売り子がまちを往来したということです。

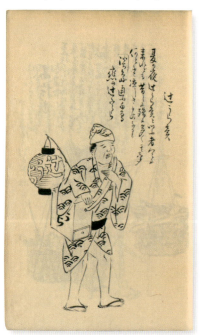

1835～1836（天保6～7）年ごろ、売り子は下がり藤の紋と「深川名物かりんとふ（う）」と入

江戸時代の「辻占売り」。（清水晴風『世渡風俗圖會四』、国立国会図書館所蔵）

れた大きな提灯をもち、「深川名物かりんとう、かりんとう」と大きな声を張りあげて歩きました。かりんとう売りのなかには、辻占をつける者もいて、子どもの客も買いました。辻占は、かりんとうのおまけに数枚つけられるお楽しみの占いでした。

　安政（1854～1860年）のころの江戸のまちでは、辻占添えの袋入り砂糖豆を売る、尼さんすがたに扮した女商人が出現しました。「お豆さん売り」とよばれたこの女性は、もとは京都の芸者で、美人でことばが優しく、女性らしい魅力のある人だったとのことです。元芸者が尼すがたで宣伝したのですから、人を驚かせる効果があったのでしょう、とても注目を浴びました。

　お豆さん売りは、辻占売りにしては個性的な扮装でしたが、お決まりの辻占売りスタイルは、大人の男性が着物の裾をからげ、大きな提灯を下げるか、しゃんしゃんと音を出す鳴子を手にして、吉凶を判じた辻占紙片と小さな菓子を入れた箱を肩にかけたすがたでした。そして、「淡路島、通う千鳥の恋の辻占～」とうたうようによぶのです。よび声は、元気いっぱいというよりは、しみじみとしたものだったようで、夏の夜に辻占売りが来ると、涼しく感じられると

書いている人もいます。

江戸時代後期から、大坂（現在の大阪）には、昔ながらのことばを聞いて占う辻占がよく当たる、と評判の瓢箪山稲荷神社があり、明治時代に入っても、遠方から多くの参詣者が絶えませんでした。当時の京都では、その有名な瓢箪山稲荷のものと称する辻占をあつかう、見世物芸人のような売り子が出現しました。その売り子の男性は、上に鉦をつけた大きな太鼓を前に下げ、紋付の着物に赤い横じまの、なんだかお目出たい扮装で、夜更けまでまちを流して歩きました。頭にかぶった白い帽子には、「◯山（瓢箪山）　辻うら」と真っ赤な文字で書かれています。鉦や太鼓をたたきながらよび声を出して歩くとは、随分とにぎやかだったにちがいありません。

路上の物売りのすがたをみていると、客にとっては、芸を楽しむのも買い物のうちであったことがわかります。パフォーマンスが上手で面白い、顔が素敵、声がよい、そんなことから、人びとはひとつ占いを買ってみようかなと思うのです。つらい悩みがある人も、工夫をこらした扮装をしてくる辻占売りの芸には、しばしほがらかな気持ちにさせられたことと思います。

3.動物の占い芸

ヤマガラという小鳥を知っていますか？日本、台湾、朝鮮半島に生息するシジュウカラ科の鳥で、木の実や虫を食料とし、食べ物をためこむ習性があります。江戸時代に、路上の行商人である香具師に調教されたヤマガラは、かるたとりや綱わたり、鐘つきや水くみのほか、さまざまな見世物芸を覚えてひろうしていました。ヤマガラの木の葉をたぐりよせる行動は、水くみ芸でのひもをたぐる動作に応用され、なにかをぽいと放りなげる動作は、俵なげなどの芸に不可欠なものでした。足の下に木の実を

おみくじの封を切るヤマガラ。
『アニマ』（平凡社 、1984年1月号）より

はさんで押さえ、くちばしでたたいたり、つついたりして皮をはがす行動は、のちの時代のおみくじ引き芸で、鐘をつき、おみくじを運び、封を切る一連の動作に生かされました。この鳥のもともとの行動特性が、ストーリーのある芸を可能にさせたのです。

香具師は縁日の神社や寺院、都市のにぎやかな場所でヤマガラ芸をみせ、子どもから大人までの多くの人びとの関心を引きました。天保年間（1830〜1844年）には、まだおみくじを引く芸は考案されていなかったようですが、その前段階といえる、詠まれた歌がるたをとってくる高度な芸の記録が残っています。明治時代になると、ヤマガラ芸には占いが加わるようになります。1881（明治14）年には東京浅草の奥山で、筮竹や算木をつかって易占をするヤマガラがあらわれています。そこには舞台として、鳥のサイズに合わせた小さな机や算木が用意されていました。占いはそれだけでも神秘的ですが、人のことばがわからないはずの鳥が、占いをしてくれるとなると、なおさら観客には不思議であり、驚きでした。

大正時代には、ヤマガラの辻占芸がうまれています。客が5銭をはらうと、籠から出されたヤマガラは、ぴょんぴょんと橋伝いに飛んでいき、小さな神社の扉をくちばしで開け、なかから待ち人、縁談、恋愛判断などが書いてある辻占（おみくじに似た占い）をくわえて戻ってきました。ヤマガラのおみくじ芸は、昭和20年代ころまで人気の見世物でしたが、昭和の後半には廃れました。

ヤマガラだけでなく、きつねをつかった占い芸もありました。昭和初期には、小箱に入れたきつねを連れた香具師が日本各地を巡り、人の集まる駅前などの場所に腰を下ろして、きつねに辻占を引かせる芸をみせました。10銭を受けとった香具師が、客のうまれ年の干支を聞き、小箱のなかのきつねに何々年のものを引けと命じると、その年相当の辻占をまちがいなく引きました。集まった人びとは、きつねがよくわかるものだと感心して、我も我もと後につづきました。きつねは稲荷信仰では神の使いとされており、香具師は「京都本山の稲荷の辻占」をもってきているとうたいました。

このように、江戸時代の都市部から発信された占いは、人びとに、占い師やまじない師に頼ることなく占える機会と、占いを楽しむ視点をもたらし、その流れは変化を遂げながらも現代へとつづいていくのです。

もくじ

図鑑の見方

この本では、江戸時代に民間で親しまれるようになった占い・まじないを紹介しています。

☆見出し

☆解説

☆占い・まじないがおこなわれた当時の資料や、つかわれた道具の写真

☆関連する情報

もっと知りたい
よりくわしい内容や関連する事がらを紹介しています。

民間で親しまれるようになった占い・まじない

古代の日本では、占いやまじないは国家や貴族階級などが専門の僧や陰陽師などにおこなわせるものであり、その方法は門外不出とされていました。しかし、それらは時代とともに一般の人びとへと広がっていきました。

民間陰陽師の誕生

　平安時代、陰陽道は宮廷が独占しており、賀茂家（のちの勘解由小路家）と安倍家（のちの土御門家）の陰陽師が活躍していました。しかし、時代とともに陰陽道は民衆のあいだにも広まっていき、室町・鎌倉時代には多くの民間陰陽師が活躍するようになりました。

　陰陽道の流れを汲む路上占い師や、歌やおどりをひろうしてお金をもらう芸能者などは、人びとの家をまわったり、日本各地をめぐったりして、庶民のために占いやまじない、祈祷、読経などをおこなっていました。その代表が声聞師*です。家の前で鉦や太鼓をたたきながらお経をとなえた

り、曲舞や占い、祈祷などをおこなったりして、お金をもらっていました。もともと、歌やおどりは神さまや仏さまへささげるためのものであり、まじないの一種だったのです。

　江戸時代初期の1683年には、このような地方で活動する民間の陰陽師を、宮廷陰陽師の土御門家が統括するようになりました。民間陰陽師たちは、土御門家の決めごとにしたがうことで土御門家の門下生となりました。民衆は、こういった人びとを通じて、陰陽道の思想や風習を受けいれていきました。

路上占い師である「算置」（右）は宮廷の陰陽師がつかっていた算木・筮竹（→p20）を用いて占いをした。
（『三十二番職人歌合』、サントリー美術館所蔵）

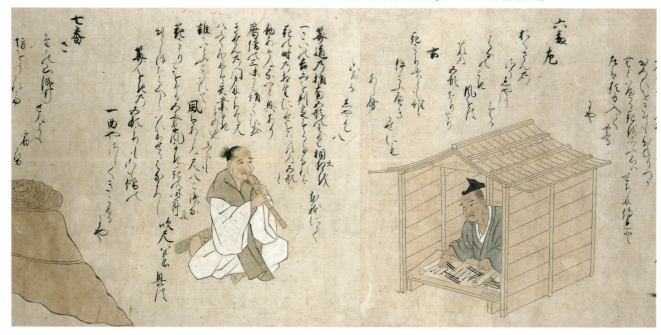

*唱門師・唱聞師・唱文師・聖文師とも書き、「しょうもじ」「しょもじ」と読む場合もある。

声聞師がおこなっていた曲舞は、南北朝時代から室町時代に流行した芸能で、歌やつづみの伴奏にあわせておうぎをもって舞う。福岡県みやま市瀬高町大江地区には、曲舞の一種である「幸若舞」という芸能が伝わっており、国の重要無形民俗文化財に指定されている。

（みやま市教育委員会提供）

暦の知識も民間へ

　いっぽう、陰陽道と同じように朝廷の陰陽寮がつかさどっていた暦についての知識も、しだいに民間へと広まりました。季節のうつりかわりや気温、天気などの知識は、農作業をするうえで必要になるものだったからです。地方では、声聞師などが家いえをまわって暦を配っていたようです。

　また、江戸時代に入ると、幕府は中国の思想体系である儒教について学ぶことを奨励しました。道徳を重んじ、主君など目上の人にしたがうべきと教える儒学（朱子学）が、幕府が目指す体制にあっていたからです。儒学がさかんになるにつれて、中国の思想や暦にもとづく占い・まじないも庶民に広まりました。陰陽五行思想や干支、生年月日などを利用した吉凶占いや相性占いは、庶民の生活にかかせないものとなっていきました。

　しかし、伝統的な陰陽道は、時代とともに古くさい知識と考えられるようになりました。土御門家は神道や西洋天文学なども積極的にとりいれるようになり、それらの知識についても精通するようになります。江戸時代中期には、土御門家の当主のところに、天文学や神道、暦学について学ぼうとする民間の知識人たちが集まってきました。

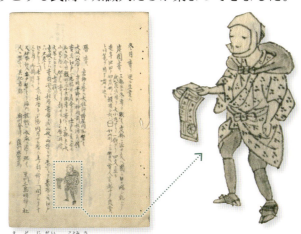

江戸時代の暦売り。（『守貞謾稿 巻六』、国立国会図書館所蔵）

占い・まじないが流行した江戸時代

江戸時代、「将軍のおひざもと」とよばれる江戸のまちには、地方から多くの人が集まりました。たくさんの人がいるまちでは、さまざまな占いやまじないが流行し、生活にかかせないものとなっていました。

ご利益があればなんでも頼る

江戸時代に入り、戦のない平和な社会にはなったものの、自然災害や病気、お金のやりくり、人間関係、自分の将来など、さまざまな問題が人びとを悩ませました。しかし、科学や医療技術はまだそれほど発達しておらず、人びとは神さまや仏さま、占い・まじないに頼りました。うまれ育った地方に住んでいる人は、その土地のまもり神である氏神さまにおまいりをしたり、地域の風習として伝わっているまじないをしたりしました。

いっぽう、地方から移住してきた人も多く、さまざまな職業の人が集まっていた江戸では、町内全員で行事的なまじないをおこなうことはあまりありませんでした。また、住んでいる土地や特定の宗教にしばられない江戸の町人のなかには、特定の氏神さまを信仰するというよりも、そのときの望みや目的にあわせて、頼る神さまや仏さまを選ぶ人もいました。このときに参考にされたのが、人びとのうわさやさまざまな出版物です。ご利益があるといわれた神社や寺、当たると評判の占い、よく効くとされるまじないなど、江戸の人びとはさまざまな占いやまじないに頼り、それを楽しんでいました。

浅草寺は、境内の各所でさまざまな仏さまをまつっている。江戸時代には「病気治癒、縁結び、商売繁盛、芸の上達、火事除けなどさまざまなご利益があり、浅草寺におまいりすればなんでも願いをかなえてくれる」と評判になり、多くの参拝客がおとずれた。

江戸の雷おこしは雷門再建の年（1795年）にはあり、行商人が「江戸名物雷おこし、雷除けにお買いなさい」とふれ回って売る門前の土産物だった。
（株式会社常盤堂雷おこし本舗提供）

縁起かつぎ

江戸時代の人びとは、なにかにつけて吉凶を気にしました。こういうことをすると縁起が悪いからやらない、こういうことをすれば災いがおこらないなど、悪いことがおこらないように「縁起をかつぐ」行為が数多くありました。なかでも、武士は災いが命にかかわることもあるため、とくに縁起のよしあしを気にしました。

たとえば、だれかが仕事や旅に出かけるとき、安全を祈って家の人が後ろから肩ごしに火打ち石で火花を打ちかける「切り火」という習慣がありました。これは、悪霊をはらう力をもつ火を利用した、清めのまじないです。

「お金をする（なくす）」に通じることをきらって、「するめ」を「あたりめ」といいかえるなど、しゃれのような縁起かつぎもたくさんあります。

芸者たちの日常を一日の時刻になぞらえた『新柳二十四時　午後九時』では、切り火が描かれている。
（月岡芳年、明治13年、国立国会図書館所蔵）

生活に密着した占い

占いが熱心におこなわれるのは、日常生活で気にかかることがあるときです。代表的なものが天気占いです。江戸時代、天気のよしあしは生活に大きな影響がありました。農民、漁師、大工などの職人といった外ではたらく人たちは、天気が悪ければ仕事ができなくなってしまいます。人びとは、日の出や日の入りのようす、太陽や月、星などの天体のようす、雲や風のようす、動物の行動（→p18）などから、真剣にその日や翌日の天気を占いました。なかには、現代では科学的に説明がつくものもあったようです。

さらに、みた夢の内容によって近い将来におこることを占う「夢占」もさかんにおこなわれました。悪い夢をみないようにしたり、悪夢を吉夢にかえたりするまじないもありました（→p26）。

そのほか人相や手相、うまれ年などから、一生の運気や夫婦などの相性、その人の性格なども占いました。

🌊天気の占いの例

- 朝日が空を赤く染める→風がふく
- 朝日が地を赤く染める→小雨がふる
- 日の出どきに、朝日をさえぎるものがなにもない→晴れ
- 夕日が真っ赤→雨はふらずに風がふく
- 午後、赤い雲が多い→晴れ
- 夏の夜に星が多くみえる→翌日は猛暑
- 晴天に白い雲がうろこのように広がる→3日以内に必ず雨がふる（水まき雲）

陰陽道と江戸時代の占い

江戸時代の占いのひとつに、陰陽道の有卦・無卦があります。「有卦に入る」は「幸運にめぐりあってよいことがつづく」という意味に用いますが、本来は、その人のうまれ年によって決まっている縁起のよい年回りに入ることです。

有卦と無卦

有卦・無卦は、12年を1周期とする年ごとの運勢です。1年ごとに胎・養・長・沐・官・臨・帝・衰・病・死・墓・絶の12運が移りかわり、胎から帝までの7年が吉の「有卦」、衰から絶までの5年が凶の「無卦」とされています。いつから有卦に入るかは、うまれ年によってことなります。年をあらわすのに用いられる十干十二支は木・火・土・金・水の五行に分類されており、それぞれで有卦に入る時期が決まっています。

☯五行・陰陽・十干・十二支表

五行	陰陽	十干	十二支
木（もく）	陽（よう）	甲（きのえ）	寅（とら）
木（もく）	陰（いん）	乙（きのと）	卯（う）
火（か）	陽（よう）	丙（ひのえ）	午（うま）
火（か）	陰（いん）	丁（ひのと）	巳（み）
土（ど）	陽（よう）	戊（つちのえ）	辰・戌（たつ・いぬ）
土（ど）	陰（いん）	己（つちのと）	丑・未（うし・ひつじ）
金（きん）	陽（よう）	庚（かのえ）	申（さる）
金（きん）	陰（いん）	辛（かのと）	酉（とり）
水（すい）	陽（よう）	壬（みずのえ）	子（ね）
水（すい）	陰（いん）	癸（みずのと）	亥（い）

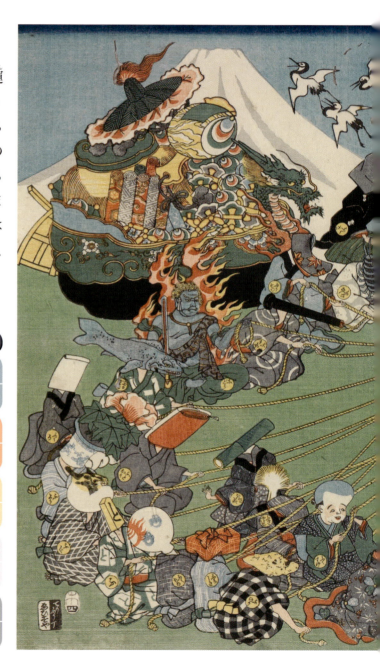

「ふ」の字づくしの有卦絵

無卦の時期をのりこえて有卦に入ることはたいへんめでたいこととされ、お祝いをする風習がありました。このとき、福をよびこむようにと、頭に「ふ」のつくものを7つそろえておくるのがよいとされました。

江戸時代末期から明治時代初期にかけては、頭に「ふ」のつくもの（福助・富士山・福寿草・文・筆・船・袋・ふぐなど）をたくさん描いた「有卦絵」とよばれる浮世絵が、数多くつくられました。

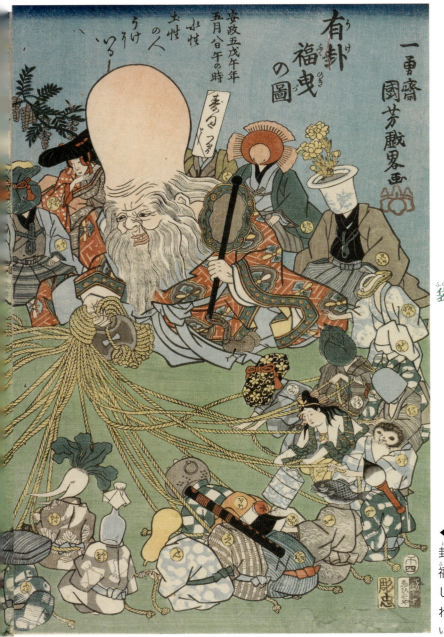

▼「ふ」のつくものを寄せ集めた有卦絵。頭＝ふきん、顔＝袋、まゆ＝筆、目＝ふぐ、鼻＝「ふ」の字、口＝房、手＝文、着物の襟＝船、からだの線＝「かのうふくすけ」の文字となっている。（一鵬齊芳藤『有卦入図（福助異り絵）』、日本銀行貨幣博物館所蔵）

ふきん　筆
袋
船　文　房　ふぐ

◀「ふ」のつくものが擬人化された有卦絵。右上の七福神のひとりである福禄寿が束ねた縄をそれぞれが手にし、福引きをしているところが描かれている。（一勇齊國芳『有卦福曳の図』、さいたま市大宮盆栽美術館所蔵）

幸福を願っておこなうまじない

豊作や豊漁、商売繁盛、立身出世、子孫繁栄など、幸せを願う心は今も昔も同じです。江戸時代、幸福をもたらしてくれる神さまへの信仰はまたたくまに流行し、多くの人がそれらをまつる神社へ参拝しました。

稲荷信仰の流行

江戸時代の中ごろから、爆発的に流行したのが稲荷信仰です。稲荷神は全国にある稲荷神社でまつられている神さまで、五穀をつかさどる食べ物・農業の神さまです。古くから農民の信仰を集めていましたが、農作物を売ってお金を得るところから、商業の神さまとしても信仰されるようになりました。また、稲荷神は立身出世や火除けにもご利益があるとされました。農民や町人、武士にいたるまで、だれもが稲荷神をとうとい神さまとしてあがめ、武士の屋敷内や長屋の路地など、いたるところに稲荷神がまつられました。

また、幕府がおかれる以前の江戸は、きつねの多くすむ農村でした。きつねは稲荷神の使いであるとされており、稲荷神社などにはきつねの像が立てられたり、きつねの好物とされる油あげがそなえられたりしました。

伏見人形は豊作を願う稲荷信仰と結びつき、縁起物として広まった。もともとは、伏見稲荷の山の土をつかった焼き物にご利益があるという信仰からうまれたもので、きつねや鈴、人形などさまざまなものがある。（伏見人形「犬乗り童子」、国立歴史民俗博物館所蔵）

えびす講と十日えびす

商人のあいだでさかんに信仰されていたのがエビス（→1巻P27）です。エビスは古くから漁業関係者の信仰があつい神さまでした。やがて、エビスは金運をもたらす商売の神さまとしても信仰されるようになりました。

江戸の商家では、旧暦10月20日にエビスをまつる行事「えびす講」がおこなわれました。人をよんで宴会をひらき、にぎやかに祝いながら商売運を祈るならわしでした。また、商人のまち・大坂（現在の大阪）を中心とする関西では、1月10日にエビスをまつった神社で「十日えびす」という祭り行事がおこなわれました。タイや小判、米俵などの縁起物をかたどった「吉兆」（小宝）を笹につけた「福笹」を買いもとめ、一年の幸福を願いました。

伏見稲荷の山の土をつかった土鈴は、果樹の枝につりさげれば実が鈴なりになり、井戸につるせば虫がわかないと信じられ、もとめられたという。（中町泰子所蔵）

以下のアンケートにお答え下さい。

お求めの
書店名＿＿＿＿＿＿＿＿＿＿市区町村＿＿＿＿＿＿＿＿＿＿＿＿＿＿＿書店

　この本をどのようにしてお知りになりましたか？　以下の中から選び、３つま
で〇をお付け下さい。

　A.広告（　　　　　）を見て　B.店頭で見て　C.知人・友人の薦め
　D.著者ファン　　　E.図書館で借りて　　　F.教科書として
　G.ミネルヴァ書房図書目録　　　　　H.ミネルヴァ通信
　I.書評（　　　　　）をみて　J.講演会など　K.テレビ・ラジオ
　L.出版ダイジェスト　M.これから出る本　N.他の本を読んで
　O.DM　P.ホームページ（　　　　　　　　　　　　　）をみて
　Q.書店の案内で　R.その他（　　　　　　　　　　　　　　　）

書 名　お買上の本のタイトルをご記入下さい。

◆上記の本に関するご感想、またはご意見・ご希望などをお書き下さい。
　文章を採用させていただいた方には図書カードを贈呈いたします。

◆よく読む分野（ご専門)について、3つまで○をお付け下さい。
　1. 哲学・思想　　2. 世界史　　3. 日本史　　4. 政治・法律
　5. 経済　　6. 経営　　7. 心理　　8. 教育　　9. 保育　　10. 社会福祉
　11. 社会　　12. 自然科学　　13. 文学・言語　　14. 評論・評伝
　15. 児童書　　16. 資格・実用　　17. その他（　　　　　　　　　）

〒
ご住所

　　　　　　　　　　　　　　　　　　Tel　　　　（　　　）

ふりがな　　　　　　　　　　　　　　　　年齢　　　　性別
お名前
　　　　　　　　　　　　　　　　　　　　　歳　　男・女

ご職業・学校名
（所属・専門）

Eメール

ミネルヴァ書房ホームページ　　http://www.minervashobo.co.jp/
　　　　＊新刊案内（DM）不要の方は × を付けて下さい。　　□

十日えびすの縁起物「福笹」。竹の枝に小判や米俵などの縁起かざりをつけたもので、商売繁盛のご利益があるといわれている。

幸福をもたらす「七福神」

　日本では、幸福をもたらす神さまとして「七福神」がよく知られています。七福神とは、エビス（恵比須）、大黒天、毘沙門天、寿老人、福禄寿、布袋、弁財天の7柱の神さまの総称です。日本にはたくさんの神さまがいると考えられていますが、性格のことなる神さまたちをひとまとめにして福の神とする七福神信仰は、室町時代末期にはじまったとされます。しかし、その顔ぶれは定まっておらず、現在の7柱にほぼ決まったのは江戸時代に入ってからのようです。

　江戸時代後期に流行したのが、正月に七福神のそれぞれをまつっている神社や寺を参拝してまわる「七福神めぐり」です。京都七福神を発祥とし、江戸に伝わってさらに全国へと広がったとされています。

　同じころ、正月2日に宝船（さまざまな宝物を積みこんだ船）の絵をまくらの下にしいて寝ると、縁起のいい初夢をみることができるというまじないが流行しました。悪夢をみたときには、この絵を川に流したり土にうめたりすることで、災いからのがれられると信じられました。

宝船にのった七福神が描かれた明治時代の錦絵。初期の宝船は稲だけが積まれたものだったが、時代とともに米俵や千両箱、打ち出の小づちなどが積まれたもの、さらに七福神がのっているものと、にぎやかになっていった。

（歌川広重（三代）『七福神宝の入船』、日本銀行貨幣博物館所蔵）

病気治癒・厄ばらいのまじない

平和になってさまざまな文化や技術が発展した江戸時代でしたが、病気の治療においてはまだまだ占いやまじないに頼るしかありませんでした。また、災いをさけるためのまじないも熱心におこなわれました。

疱瘡除けのまじない

　まだ医療技術がそれほど発達していなかった時代、病気、とくに多くの人の死をもたらす疫病（伝染病）は、たいへんおそれられました。なかでも、当時「疱瘡」とよばれた天然痘は、予防接種である種痘が日本にもたらされる明治時代まで何度も大流行をくりかえし、もっともおそろしい病気とされていました。

　日本では、疱瘡は疱瘡神という神さまのしわざだと考えられました。疱瘡神は赤色をきらうとさ

れたため、疱瘡にかかった病人に赤い下着を着せたり、まわりに赤いものをおいたりしました。また、赤一色で刷られた「疱瘡絵」という錦絵や、疱瘡神をこらしめたり、もてなしたりした人の名前を書いた札を、家の門や玄関などにはるというまじないもおこなわれました。

　いっぽう、だれかが疱瘡にかかってしまったときには、村や家の入り口や境界に赤い御幣を立てたり、おどりやお囃子とともに村をねり歩いたりしながら疱瘡神を外へ送りだす「疱瘡神送り」がおこなわれました。

疱瘡絵

　疱瘡絵は疱瘡（天然痘）除けや回復祈願のまじないとしてはられました。回復後は疱瘡神をはらうために川に流したり燃やしたりしたため、現存しているものの数は多くありません。疱瘡を退治したといわれる源為朝のほか、桃太郎や金太郎、縁起のよいタイやだるまなどの絵があります。

　為朝（右）が疱瘡神を追いはらう絵には、疱瘡を患った子をもつ親たちの「強い為朝に疱瘡神を倒してほしい」という願望があらわれている。

（一勇齊國芳『為朝と疱瘡神』、内藤記念くすり博物館所蔵）

庚申待ちで長寿を願う

病気にかかることなく長生きできるように願っておこなわれたまじないとして、「庚申待ち」があります。かつての日本では、甲・乙・丙などの十干と子・丑・寅などの十二支を組みあわせ、年や日にあてはめていました（→3巻p9）。その60種類のうちのひとつが「庚申」で、庚申の日は1年に6回か7回あります。中国の道教では、人の頭・腹・足に三尸という虫がいるとされます。庚申の日には、人間が眠っているあいだに三尸がからだをぬけだして天にのぼり、天帝にその人がおかした悪事を報告して寿命をちぢめさせると信じられています。それを防ぐために、庚申の日の夜には人びとが集まり、宴会などをして夜通し眠らないようにしました。

日本で庚申待ちの風習をとりいれたのは、平安時代の貴族とされます。のちに武士にも広まり、室町時代には庶民も庚申待ちをおこなうようになりました。全国的に行事として定着したのは江戸時代になってからで、天皇から農民や町人にいたるまで庚申待ちをおこなうようになりました。

家の入り口をまもるまじない

家の玄関や門、のき先などに物をかかげて、家のなかに災いが入りこまないようにするまじないは、数多く伝わっています。全国的に知られているのが、節分に家の戸口などにかざる「ヒイラギイワシ」です。このように、入り口にかざることで魔除けとするまじない道具を「門まもり」といいます。日本各地には、ニンニク、トウガラシなど、においの強いものや刺激のあるものを門まもりとする風習が伝わっています。

▶ヒイラギイワシは、ヒイラギの枝に焼いたイワシの頭をさしたもの。葉のとげとイワシの生ぐさいにおいが鬼をしりぞけるとされている。
(hikari / PIXTA)

◀京都の祇園祭で販売される厄除けのちまき。災いや疫病から家の住人をまもるため、玄関先にかざられる。（© monjiro-Fotolia.com）

くくり猿

日本最初の庚申信仰の霊場として信仰を集める八坂庚申堂（京都市）には、境内のいたるところに「くくり猿」がつり下げられています。くくり猿は、人間が猿のように欲望のままに行動してしまうことを戒め、欲望をコントロールすることをあらわしたものだといわれています。欲望をひとつ我慢して、くくり猿に願いを書いてぶら下げると、願いがかなうといわれています。

くくり猿は、手足をくくられて動けない猿のすがたをあらわしている。
（八坂庚申堂提供）

動物の占いとまじない

占いやまじないが庶民に流行した江戸時代には、身近にいる動物や鳥、虫などの行動にもとづく占いも数多くありました。また、不思議な力をもっているとして、妖怪のように警戒された動物もいました。

動物をみて天気占い

気圧や雲の動きなどから科学的に天気を予報できる現代とことなり、昔は身近におこるさまざまな現象から天気を占いました。

現在でも「ツバメが低く飛んだら雨がふる」などといわれるように、江戸時代の人たちも身近な動物の行動から天気を予想しました。天気占いは、暮らしをかしこく快適にする知恵でもあったのです。

🌓 動物による天気占いの例

猫が草をかむと雨がふる。

カラスが水あびをすると雨がふる。

犬が草をかむと晴れになる。

ニワトリがヒヨコを背負うと雨がふる。

魚が水面からおどりとぶときは、必ず風雨がくる。

ヘビが木に登るときは、必ず洪水になる。

アリが巣を出て何度も行き来するなら、必ず大風がふく。

© Witold Krasowski-Fotolia.com

江戸時代中期の画家・佐脇嵩之が『百怪図巻29』に描いた「猫また」。(福岡市博物館所蔵)

人を化かすきつねとたぬき

　古くから、きつねとたぬきは人を化かす力をもつ動物と考えられてきました。宿のない旅人をとめてあげる親切なおばあさんになったり、美しい女性になったり、あるいは森や山のなかで道にまよわせたりと、あの手この手で人びとをこまらせました。

　きつねやたぬきに化かされないためのまじないは、いくつも伝わっています。そのひとつが、まゆにつばをつけてみることです。だまされないように用心することを「まゆつば」といったり、本当かどうかわからない話を「まゆつばもの」といったりしますが、こうすればきつねやたぬきに化かされないとされたことからきたことばです。

不思議な力をもった猫

　「猫を殺すと七代たたる」といわれるように、猫も魔性の力をもつと信じられてきました。猫が非常に長生きすると、尾がふたまたにわかれた「猫また」や化け猫といった妖怪になるとされます。猫が死んだときには、死体を竹やぶにすてたり、三叉路や十字路にうめたりと、たたりを封じるためのまじないがおこなわれました。

両手の指を組んでつくる「きつねの窓」からのぞいてみると化けたきつねの正体をみやぶれるとも、きつねの窓から息をふきかけるときつねを退散させられるとも信じられている。(『新版化物念代記』、国立歴史民俗博物館所蔵)

まちかどの占い

占いが流行した江戸時代、江戸のまちには大勢の占い師がいました。なかには有名になって裕福になる占い師もいたようですが、多くは長屋でつつましい暮らしを送っていました。

卦をみる易者

江戸時代に書かれた随筆『塵塚談』には、江戸に多いもののひとつとして占い師があげられています。まちかどの占い師としてよく知られるのが易者です。易者は、江戸時代に入ってから民間に広まった易占をおこないました。

易占は古代中国でうまれ、8世紀ごろに日本に伝わったとされる占いです。筮竹と算木をつかって出た「卦」を、本に記してある解釈とてらしあわせ、物事を占います。

易者のなかには、家をかまえて占いをおこなう者もいれば、道ばたに店を出して占いをおこなう大道易者もいました。やがて、易占とあわせて人相や手相もみるなど、さまざまな占いをあわせて運勢などをみる易者もあらわれました。

筮竹は細い竹の棒で、算木はひとつの面の中央にみぞをつけた木の角柱。50本の筮竹を両手でさばき、片手でつかみとった数によって算木をならべ、吉凶を占う。
（都城島津邸所蔵）

『江戸職人歌合』に描かれた易者。易者は「八卦見」ともよばれ、まちかどで台を出し、庶民を相手にさまざまな運勢や吉凶を占った。
（明治時代、国立国会図書館所蔵）

人相見・手相見

　易占とともにさかんにおこなわれたのが人相占いや手相占いです。人相占いも易占と同じように、古代中国で発展したものが日本にとりいれられました。

　平安時代に貴族たちのあいだでさかんになりましたが、江戸時代になると人相・手相の本が出版され、庶民へと広まります。職業としての占い師である人相見や手相見も多くいましたが、一般の人びとも本をみながら自分や知りあいを占い、楽しみながら暮らしに役立てていました。

江戸時代の人相見、水野南北

　水野南北（1760～1834年）は、江戸時代中期に日本一の人相見といわれた人物で、現代日本の人相占いの元祖とされています。子どものころから素行が悪かった南北は、18歳ごろに牢屋に入れられたとき、人相と人の人生には関係があるのではないかと考え、観相（人相や手相などをみて占うこと）に興味をもちました。牢屋から出て人相見にみてもらった南北は、なんと死相（死を暗示している人相）が出ていると告げられます。運命をかえたかった南北が寺に出家を願いでると、1年のあいだ、麦と大豆だけを食べる生活を送るようにいわれます。そのとおりにしたところ、南北の死相は消えてしまいました。

　その後の南北は、いくつかの仕事をしながら人間観察をつづけ、「どのような悪い相であっても、つつましい食生活を送ればよい運命にすることができる」という独自の理論をうちたてました。

耳 大きく肉づきがよいものの適度に目立たず、耳たぶがふっくらしており、目より少し高い位置にあり、血色がよいのがよい相。耳毛が生えていると長生きする。

鼻 富を得るかどうかをあらわす部分。鼻すじが通り、鼻先が丸く、肉づきがよくて肌につやがあるのがよい相。

まゆ あいだが広く、豊かで黒く、つやがあるのがよい相。40歳をすぎてまゆ毛に白髪がまじると長生きする。

目 横幅の長い目がよいとされる。うるおって輝いている目は、実力も知恵もある相。丸く黒目がちのひとみは、かしこい相。

口 大きく、くちびるがふっくらしているのがよい相。くちびるの色が赤く、口のはしが上がっているのがよい。

ほうれい線

男性はほうれい線が深いほどよく、口から遠くはなれて八の字に広がるものがよい相。

（水野南北『南北相法』、奈良大学図書館所蔵）

21

古代からつづく辻占

　江戸時代、占いは人びとにとって人生の大事な決断を助けてくれるものであると同時に、娯楽として楽しむものでもありました。娯楽としての占いの代表が「辻占」です。

　辻占は、もともとは夕方に辻（道が交差するところ）に立って、はじめに通りかかった人が話していたことばを聞き、その内容によって吉凶などを判断する占いです。夕方におこなうので「夕占」ともいい、奈良時代にできた日本最古の和歌集『万葉集』にも登場する古い占いです。

　江戸時代になると、時刻や場所にこだわらないで聞こえてきたことばから占う辻占が、庶民のあいだで気軽におこなわれるようになりました。当時の人びとは、ツゲのくしをもち、「ふけとさや夕占の神にもの問えば　道ゆく人に占まさにせよ」ととなえて辻占をおこないました。ツゲのくしは、「告げる」に通じ、神さまのよりしろともなると考えられていました。

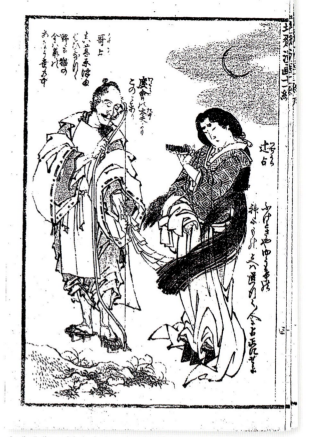

江戸時代の浮世絵師・葛飾北斎の『北斎漫画 十一編』には、辻占をおこなう女性が描かれている。
（国立国会図書館所蔵）

辻占売り

　江戸時代には、占いのことばを書いた紙を売り歩く「辻占売り」が登場しました。辻占売りは、夕方や夜などににぎやかな場所などに出て、大きなちょうちんを目印にしていることが多く、なかには、かりんとうや煎餅、こんぶ、あめ、豆菓子などの商品を買ってもらうため、おまけとして辻占をあつかう行商人もいました。

　江戸後期の浮世絵師・歌川広重（三代）の『夕涼市中の賑ひ』。左下の辻占売りは、当時流行していた山口屋のかりんとうといっしょに辻占を売っている。（国立歴史民俗博物館所蔵）

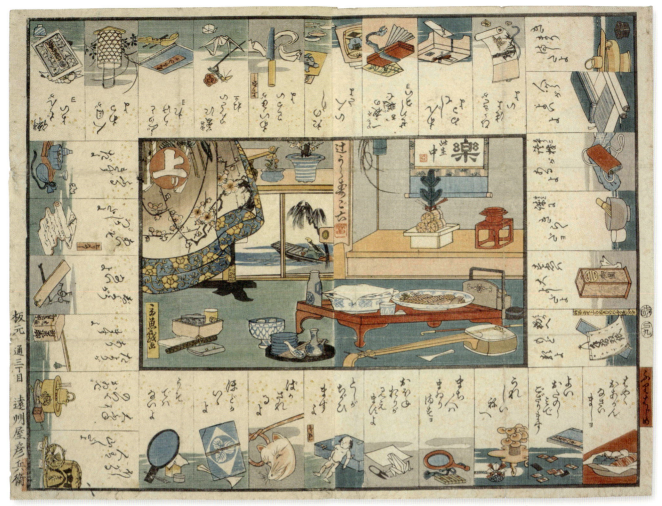

新年のおめでたい宴会の絵が「上り」になっている『辻うら寿ご六』。それぞれのコマには、辻占文句があり、さし絵が添えられている。

（東京都立中央図書館特別文庫室所蔵）

一陽齊豊國『いろはとゑ辻占かるた』。役者の顔とともに、鏡や筮竹、虫眼鏡などの絵が描かれている。

（国立国会図書館所蔵）

庶民の娯楽となった辻占

　江戸時代は、木の板に文字や絵をほり、墨や絵の具をつけて紙にうつす木版印刷の技術が大きく発達した時代です。辻占は江戸時代後期には多くの人びとの人気を集めており、「辻占」の名前のついたさまざまな印刷物がつくられました。
　1枚の紙に辻占のことばを墨で刷った印刷物が読み物として出まわり、のちに色あざやかな歌舞伎役者の絵を添えた辻占菓子が登場しました。子どもも大人も楽しめるかるたやすごろくなども、つぎつぎとつくられました。

占いとまじないの本

出版文化が花ひらいた江戸時代、専門書や娯楽のための読み物など、さまざまなジャンルの本が出版されました。人びとは、本をみながら自分で占いやまじないをおこない、生活に役立てていました。

江戸時代の生活百科「大雑書」

　江戸時代の占い・まじないの本として広く普及していたのが「大雑書」です。これは、江戸時代のはじめごろからつくられるようになったもので、かつては陰陽師などの専門家だけがあつかうことのできた暦や占いの知識をのせていた本です。その内容はしだいに充実し、自然現象の解説や生活の知恵、言い伝え、こまったときに役立つかんたんなまじないなどものるようになりました。江戸時代の終わりには100種類以上も出版され、生活百科事典として大いに活用されたといいます。

　大雑書には、豊富な種類の占いがのっています。うまれた季節による占い、うまれ年の十二支と五性（木・火・土・金・水の5つの性質）にもとづく占い、天気占い、易占、夢占、人相占いなど、専門の占い師でなくても気軽にできる占いが、わかりやすいさし絵つきでのっていました。新しいことをはじめる日の吉凶や天気を知りたいとき、人づきあいや男女の縁で悩んだときなど、不幸や不運をさけて幸せに生きていけるように、さまざまな場面で頼りにされたようです。

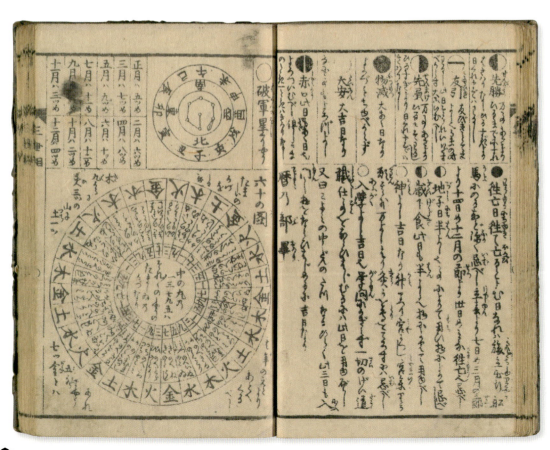

1856年に出版された『永代大雑書』。
（国立国会図書館所蔵）

人相占いの手引書

　人相占いは、顔のつくりだけでなく、からだの形や姿勢、動作などもみておこなわれます。日本でも古くからおこなわれており、平安時代にまゆをそってひたいの高い位置にかいたのも、当時の占い方で高いまゆが高貴な相とされたためです。

　日本でもっとも古い人相学*の本は、室町時代に天山という位の高い僧が書いた『先天相法』とされます。江戸時代中期には、中国などから多くの人相学の本が日本に伝わり、庶民にも広まりました。ただし、日本の人相学は中国の影響を受けているため、江戸時代末期になるまで、手引書には中国人の顔が描かれていたようです。

*人の顔だちや表情から、その人の性格や運勢などを判断しようとする学問。観相学ともいう。

江戸時代の人相見である水野南北（→p21）が、自分の経験や研究をもとに書きあげた『南北相法』は、日本の人相学研究の基本となっている。（奈良大学図書館所蔵）

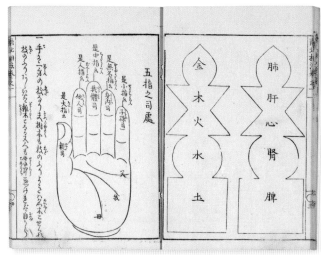

1684年に出版された人相学の専門書『人相小鑑大全』。中国人の顔と、さまざまな人相の解説が書かれている。
（立命館大学アート・リサーチセンター提供）

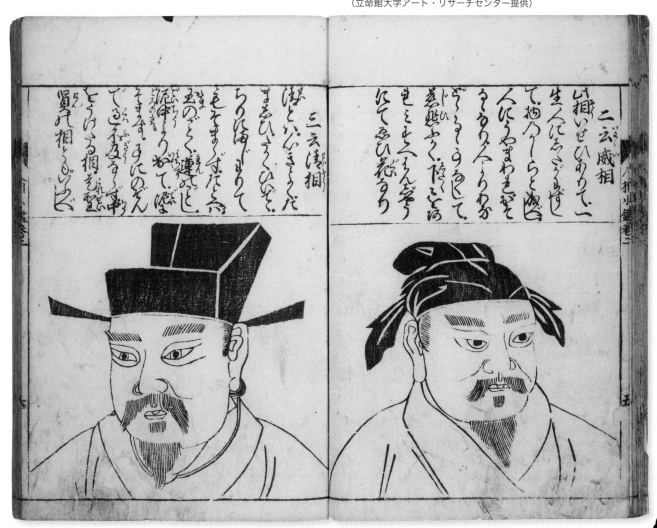

未来の吉凶を告げる夢判じ

　夢の内容をもとに物事を判断する夢占は、世界じゅうでおこなわれています。西洋の夢診断は、夢の内容からその人も気づいていない心理をさぐり、過去や現在の心理状況を分析します。いっぽう、日本でおこなわれてきた「夢判じ」は、夢の内容から未来の吉凶を占うものです。夢の内容とともに、夢をみた日の十二支も占いの材料となりました。また、夢判じができる夢は、考えていないことがあらわれ、起きてからも内容をはっきりおぼえているものです。そのときの願いや考えていたことがあらわれた夢、神さまや仏さまや先祖がお告げをする夢、身も心も弱っているときの夢は、夢判じには適しません。

　専門の夢占い書や大雑書には、夢の内容とその吉凶がイラストとともに細かく書かれています。大雑書では、凶夢をみたときに災いをさけるためのまじないものせています。

🌀 江戸時代の夢判じ

- 空が晴れる夢は大吉
- 雷に打たれる夢は大吉
- 髪をあらう夢は大吉
- 泣く夢は大吉
- 本を読む夢は大吉
- 種をまく夢は
  よい知らせがあるしるし
- くだものを食べる夢は
  よくない

☆凶夢をさけるまじない

　悪い夢を食べる獏の絵を、ふとんやまくらの下にしく。

江戸時代に葛飾北斎が『北斎漫画　二編』に描いた「獏」。（国立国会図書館所蔵）

☆凶夢を吉夢にかえるまじない

　夢の内容をむやみに人に話さず、水を口にふくみ、東をむいてふきだしたあと、「悪夢著草木好夢滅珠玉無咎矣」ととなえる。

江戸幕府がつくっていた暦

暦が中国から伝わってきた飛鳥時代から、日本では中国の暦法（暦のつくり方）を利用して暦をつくっていました。しかし、江戸時代に入ると、暦と実際の日食・月食などの天文現象にずれが出てきました。遣唐使の廃止から800年近くも古い暦法をつかいつづけていたことと、日本と中国では国の位置が大きくことなることが原因です。

そこで、中国の暦や西洋の暦を研究したり天文観測をおこなったりして、日本にあわせた暦がつくられるようになりました。暦づくりを主導していたのは江戸幕府です。天文方という専門の部署が天文観測をして暦の計算をおこない、それをもとに出版業者が暦を発行していました。

暦には、日時・方角の吉凶やしてはいけないこと、季節のかわり目などをしめす「暦注」が書きこまれていました。江戸時代の暦は、日づけや季節とともに毎日の占いが書いてあるようなものだったのです。人びとは暦注を参考にして、その日にやることを決めていました。

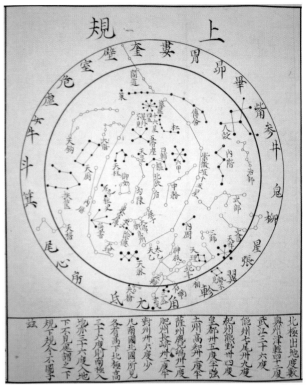

江戸時代初期の人物・渋川春海が、日本ではじめて実測値をもとにつくった星図「天文成象」（息子の昔尹の名前で出版）。春海は平安時代以来ずっとつかわれていた中国の暦法を日本独自のものに改め、幕府の初代天文方となった。（国立天文台所蔵）

江戸を中心として関東地方から東北地方南部まで配布された「江戸暦」。幕府によって定められた江戸の暦問屋のみが発行・販売していた。（国立国会図書館所蔵）

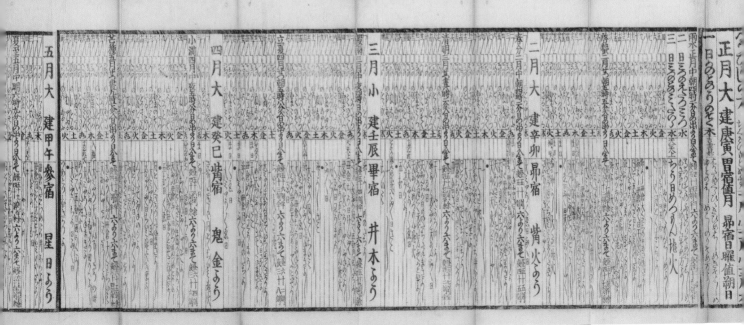

高島嘉右衛門

高島嘉右衛門（1832～1914年）は、江戸時代の終わりから明治時代にかけて実業家として活躍した人物です。非常にすぐれた易者でもあり、「易聖」とよばれるほどの大家でもありました。

才能にあふれた実業家

1832年、高島嘉右衛門は江戸の材木商の子として生まれ、「清三郎」と名づけられました。おさないころはからだが弱かったものの非常に頭がよく、むずかしい文章でも何度か読むと完全に暗記してしまうほどでした。このときに学んだ本のなかには、『易経』という易の本もありました。

14歳のころ、清三郎は父の仕事を手伝うようになり、あととりとして材木の売買や屋敷の建築などの事業にたずさわります。父の死後には、親族のつくった多額の借金をひとりで返し、父の名前「嘉兵衛」を受けつぎました。

嘉兵衛が22歳のとき、家にあった釜が、なにもしていないのに音を立てました。不思議に思った嘉兵衛は、子どものころに学んだ『易経』にしたがって易占をおこなってみました。すると、「火」に関する卦が出たのです。江戸のまちが大火事になるのではないかと考えた嘉兵衛は、大量の材木を買いしめました。そして1855年、本当に安政の大地震が発生し、江戸のまちには大きな被害が出ました。嘉兵衛はいちはやくまちの立てなおしに動き、大きな利益をあげました。

苦しい時期をのりこえて

その後、暴風雨で材木が海に流れてしまうという災難があり、嘉兵衛は大きな借金をかかえました。そんなとき、佐賀藩の家老からの提案で、佐賀藩の特産品である伊万里焼を売る店を横浜に出しました。そして、ひそかに外国人の客に金でできた小判を売り、決められた額より多くの銀貨をもらってもうけていました。日本と外国での金・銀の価値の差を利用したのです。もちろん、これは幕府が禁止していることです。嘉兵衛はつかまり、ろうやに入れられてしまいました。

このろうやのなかで、嘉兵衛は『易経』をみつけました。この本を読みこみ、紙でこよりをつくって筮竹のかわりとし、嘉兵衛はろうやのなかで易占をはじめます。ろうやを出てから、嘉兵衛は「嘉右衛門」と名をあらため、日常的に易占をおこなうようになりました。

書家・実業家・易断家として知られる高島嘉右衛門。
（横浜開港資料館所蔵）

1873（明治6）年に三代広重が浮世絵「横浜鉄道館蒸気車往返之図」に描いた開業当初の横浜駅。高島嘉右衛門は、1870年より新橋〜横浜間の鉄道や道路の開設に当たった。（横浜開港資料館所蔵）

「横浜の父」となった嘉右衛門

　江戸を出て横浜に移った嘉右衛門は、そこで材木商をはじめ、外国人むけの建物建築をおこないます。横浜に「高島屋」という旅館を開いてからは、のちに明治政府の政治家となる人びととの交流を深めました。とくに、伊藤博文とは親しく、のちに嘉右衛門の娘は博文の息子と結婚しています。

　そして、嘉右衛門は日本初の鉄道や日本初のガス灯の設置に大きく貢献しました。嘉右衛門が鉄道建設のためにうめたてた土地は「高島町」と名づけられ、現在もその名を残しています。また、外国語を教える学校の創設、セメント会社の設立、北海道の開拓、銀行の開業などにもかかわりました。

　1876年、仕事の第一線をしりぞいて現在の横浜市神奈川区高島台に移りすんでからは、易の研究をおこない、『高島易断』という本を出版しました。また、政治や戦争など日本の重要な局面で易占をおこないました。嘉右衛門は易占で、西南の役での西郷隆盛の死、大久保利通の暗殺、日清・日露戦争の状況のゆくえ、伊藤博文の暗殺などを予測していたといいます。

　嘉右衛門の易占のあまりの的中率に、「高島」や「高島易断」を名のる無関係の占い師が多くあらわれました。しかし、『『占い』は『売らない』である』として、嘉右衛門自身が易占でお金をとることは決してありませんでした。

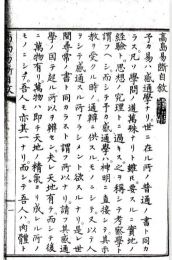

明治時代に高島嘉右衛門が出版した『高島易断』。
（国立国会図書館所蔵）

29

さくいん

（八坂庚申堂提供）

■監修・序文（2～6ページ）

中町　泰子（なかまち　やすこ）

1966年神奈川県生まれ。神奈川大学大学院歴史民俗資料学研究科博士後期課程修了。現在、神奈川大学日本常民文化研究所特別研究員、創価大学非常勤講師。日本民俗学会、日本生活文化史学会、風俗史学会会員。2015年に第6回日本生活文化史学会賞受賞。著書に『辻占の文化史―文字化の進展から見た呪術的心性と遊戯性』（ミネルヴァ書房）がある。占いや民間信仰、食文化に見える呪術性について研究をおこなっている。

■参考図書

『呪術・占いのすべて』著／瓜生中・渋谷申博
　日本文芸社　1997年
『ちちんぷいぷい―「まじない」の民俗』
　著／神崎宣武　小学館　1999年
『ねがい・うらない・おまじない―欲望の造形』
　監修／近藤雅樹　淡交社　2000年
『すぐわかる　日本の呪術の歴史―呪術が日本の政治・社会を動かしていた』監修／武光誠　東京美術　2001年
『図説・七福神―福をさずける神々の物語（シリーズ日本の信仰）』編／戎光祥出版株式会社編集部　戎光祥出版　2002年
『呪術の本―禁断の呪詛法と闇の力の血脈 (New sight mook. Books esoterica；第30号)』　学習研究社　2003年
『江戸の占い』著／大野出　河出書房新社　2004年
『呪術者になる！』著／宮島鏡　作品社　2004年
『しぐさの民俗学―呪術的世界と心性』
　著／常光徹　ミネルヴァ書房　2006年
『疫神と福神』著／大島建彦　三弥井書店　2008年
『秘伝 江戸の占いとおまじない』
　監修／小泉吉永　主婦と生活社　2008年
『辻占の文化史―文字化の進展から見た呪術的心性と遊戯性』
　著／中町泰子　ミネルヴァ書房　2015年

■写真協力

表紙／『有卦入図（福助異り絵）』（日本銀行貨幣博物館所蔵）
『江戸職人歌合』（国立国会図書館所蔵）
土鈴（中町泰子所蔵）
筮竹・算木（都城島津邸所蔵）
『百怪図巻29』（福岡市博物館所蔵）
『夕涼市中の賑ひ』（国立歴史民俗博物館所蔵）
カバーそで／伏見人形（国立歴史民俗博物館所蔵）
とびら／『七福神宝の入船』（日本銀行貨幣博物館所蔵）
裏表紙／『新版化物念代記』（国立歴史民俗博物館所蔵）

この本の情報は、2016年9月までに調べたものです。今後変更になる可能性がありますので、ご了承ください。

編集・デザイン　　こどもくらぶ（長野絵莉・信太知美）
文（8～29ページ）　村上奈美
Ｄ　Ｔ　Ｐ　　　　株式会社エヌ・アンド・エス企画

みたい！しりたい！しらべたい！日本の占い・まじない図鑑
②人びとの幸せをかなえる占い・まじない

2016年11月30日　初版第1刷発行　　　　〈検印省略〉

定価はカバーに
表示しています

監　修　者　　中　町　泰　子
発　行　者　　杉　田　啓　三
印　刷　者　　金　子　眞　吾

発行所　株式会社 ミネルヴァ書房
607-8494 京都市山科区日ノ岡堤谷町1
電話 075-581-5191／振替 01020-0-8076

©こどもくらぶ, 2016　　　印刷・製本　凸版印刷株式会社

ISBN978-4-623-07816-5
NDC387/32P/27cm
Printed in Japan

みたい！しりたい！しらべたい！ 日本の 占い・まじない図鑑

全3巻

監修 **中町 泰子**

27cm　32ページ　NDC387

オールカラー

・・・・・・・・・・・・・・・・・・・・・・・・・・・・・・・・・・

❶国を動かし危機をのりこえる占い・まじない

❷人びとの幸せをかなえる占い・まじない

❸現代の暮らしやあそびのなかの占い・まじない

「神さま」
「地獄・極楽」
「祭り」「都市伝説」
「学校の怪談」
シリーズも
おもしろいよ！

みたい！しりたい！しらべたい！ 日本の神さま絵図鑑

①願いをかなえる神さま
②みぢかにいる神さま
③くらしを守る神さま

みたい！しりたい！しらべたい！ 日本の地獄・極楽なんでも図鑑

①死んだらどこにいくの？
②地獄ってどんなところ？
③極楽ってどんなところ？

みたい！しりたい！しらべたい！ 日本の祭り大図鑑

①病やわざわいをはらう祭り
②先祖とともにすごす祭り
③豊作・豊漁を願い感謝する祭り
④世のなかの平安を祈る祭り

みたい！しりたい！しらべたい！ 日本の都市伝説絵図鑑

①現代の妖怪と都市伝説
②まちなかの都市伝説
③乗りものと都市伝説

みたい！しりたい！しらべたい！ 日本の学校の怪談絵図鑑

①教室でおこる怪談
②学校やトイレにひそむ怪談
③学校の七不思議と妖怪

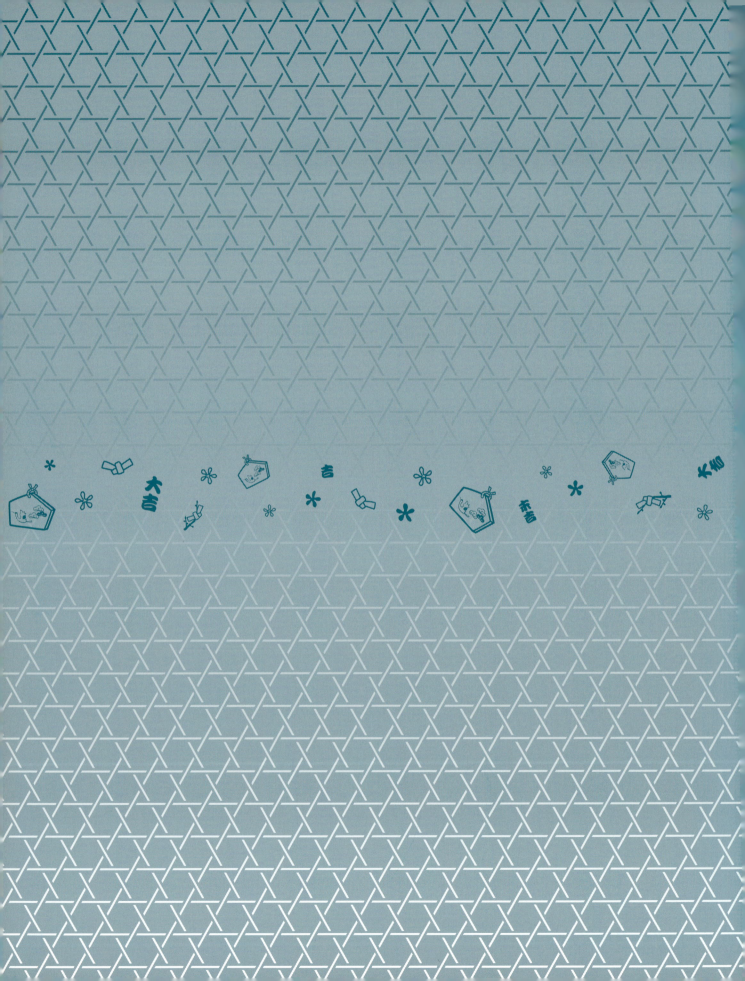